मेरी प्यारी कहानियाँ- 2

Bedtime Stories in Hindi- 2

Suno Sunao Inc.

ISBN-10: 1492272825

ISBN-13: 978-1492272823

FOR ALL YOUNG HINDI ENTHUSIASTS.
YEARS OLD GRAND MA STORIES, RETOLD BY SUNO SUNAO.

Contents

1 गिलहरी और चुहिया

एक गिलहरी थी और एक चुहिया थी। दोनों में गहरी मित्रता थी। गिलहरी पेड़ पर रहती थी। चुहिया पेड़ के नीचे बिल में रहती थी। गिलहरी फुदक -फुदक कर पेड़ से फल तोड़ लाती थी। चुहिया घरों में घुस कर अनाज ले आती थी। दोनों पेड़ के नीचे बैठ कर

एक साथ खाना खाते थे। चुहिया को फल बहुत पंसद थे। वह अपने पैने दांतों से फलों को कुतर-कुतर कर खाती थी। गिलहरी को अनाज के दाने बहुत पसंद थे। वह चुहिया द्वारा लाया अनाज खुश होकर खाती थी। चुहिया भी खुश थी। गिलहरी भी खुश थी।

2 फलों की रानी

एक बगीचा था। जिसमें बहुत सारे फल मिलजुल कर रहते थे। पीला केला, हरा अमरूद, लाल अनार, लाल-लाल लीची, पीले नींबू, पीले पपीते, गोल-मटोल बड़ा तरबूज, हरे-हरे अंगूर, भूरी इमली, हरी नाशपाती और लाल-पीला आम। आम सभी फलों के साथ रहता था। सभी फलों की परेशानियाँ सुनता था। इसलिए आम फलों का राजा था। लेकिन आम हमेशा उदास रहता था।

एक दिन सभी फलों ने मिलकर राजा से उसकी उदासी का कारण पूछा। राजा ने बताया कि वह अपने अकेलेपन से उदास है। तब फलों ने उसे शादी करने को कहा। आम को यह बात सही लगी। अब सभी फल रानी खोजने लगे। उन्हें समझ नहीं आया की कौन रानी बनने को तैयार होगी? तब सभी फलों ने इमली से पूछा। क्या तुम आम से शादी करोगी? उसने आम से शादी करने की बात मान ली। इमली ने आम से शादी कर ली। तभी से इमली फलों की रानी कहलाती है।

3 झगड़ालू चींटियाँ

एक चींटी थी। उसे एक मिश्री का दाना दिखाई दिया। वह उसे खाने दौड़ी। एक दूसरी चींटी भी उसी मिश्री के दाने के पास आई। दोनों चींटियाँ झगड़ने लगी। पहली बोली, "मिश्री मैं खाऊँगी।" दूसरी बोली, "नहीं मैं खाऊँगी।" दोनों की लड़ाई में मिश्री के दाने को धक्का लगा। वह दाना पास ही फैले पानी में चला गया और घुल गया। दोनों चींटियाँ देखती ही रह गईं। उन्हें अपनी गलती समझ में आई।

उन्होंने कहा, "हम मिलकर रहते तो आधी-आधी मिश्री खा सकते थे।" हमें आपस में झगड़ना नहीं चाहिए। मिलजुल कर रहना चाहिए।

4 बंदर की चतुराई

एक व्यापारी था। वह टोपियाँ बेचता था। एक दिन वह पेड़ की छाया में आराम करने लगा। टोपियों की टोकरी पास में ही रख ली। थोड़ी देर में उसे नींद आ गई। वहाँ आस-पास पेड़ों पर बहुत से बंदर बैठे थे। बंदर पेड़ से नीचे आए। उन्होंने टोपियाँ पहनी और पेड़ पर चढ़ गए।

थोड़ी देर बाद व्यापारी की नींद खुली। उसकी सभी टोपियाँ गायब थीं। टोकरी खाली थी। उसने पेड़ पर बैठे बंदरों को देखा। सब बंदर टोपी पहने थे। उसने सोचा अब क्या करें? खूब सोचने पर उसे ध्यान आया की बंदर नकल करते हैं। इसलिए अगर वह अपनी टोपी फेंक दे, तो बन्दर भी अपनी टोपी फेंक देंगे। फिर वह सभी टोपियाँ उठा लेगा।

यह सोच कर व्यापारी ने अपनी टोपी उतार कर फेंक दी। एक छोटा बन्दर एक पेड़ पर बैठा देख रहा था। उसे पहले टोपी नहीं मिली थी। उसने बिलकुल देर नहीं करी। पेड़ से कूदा और टोपी उठा लाया। अब व्यापारी के पास एक भी टोपी नहीं बची। उसे आलस का फल मिल गया।

5 टिलटिल

एक सागर था। उसमें कई तरह के जलीय जीव रहते थे। सागर के किनारे हरी - हरी झाड़ियाँ थीं। और दूर -दूर तक फैली सोने जैसी रेत थी। एक दिन रेत में अचानक हलचल हुई। उसमें से एक नन्हा सा जीव बाहर आया। उसका नाम टिलटिल था। उसने बाहर आकर चारों ओर अपनी गरदन घुमाकर देखा। कुछ समय बाद उसे अपने जैसे कई जीव दिखाई दिए। टिलटिल उन सब से बड़ा था। उसने आसमान में उड़ते कुछ पक्षियों

को देखा। उनमें से एक पक्षी जमीन की ओर आया और एक जीव को उठा कर ले गया। टिलटिल ने सोचा कि पक्षी हम सब को ले जाएँगे। उसने सभी को झाड़ियों के पीछे छिप कर चलने के लिए कहा। सभी टिलटिल के पीछे चलने लगे। कुछ ही देर में वे सुरक्षित सागर में पहुँच गए। इस तरह टिल टिल कछुए ने सबकी जान बचाई।

6 डोलू की होली

एक गधा था। जिसका नाम डोलू था। डोलू को होली खेलना बहुत अच्छा लगता था। एक दिन वह जंगल में होली खेलने निकला। सबसे पहले उसे एक तोता मिला। डोलू ने उस पर हरा रंग डाला। लेकिन डोलू खुश नहीं हुआ क्योंकि तोते पर हरा रंग दिख ही नहीं रहा था। वह आगे गया तो उसे एक भूरा बन्दर मिला। उसने उस पर भूरा रंग डाला। डोलू फिर भी खुश नहीं हुआ क्योंकि बन्दर पर भूरा रंग दिख ही नहीं रहा था। डोलू और आगे गया। उसे एक सूअर मिला। उसने सूअर पर कीचड़ डाला। लेकिन सूअर

पर कीचड़ दिखा ही नहीं। वह तो पहले ही कीचड़ से सना हुआ था।   फिर डोलू को काली कोयल, नीला मोर, मटमैला हाथी और भी कई रंग के जानवर मिले। वह उन पर उनके ही रंग के जैसे रंग डालता गया। इसलिए किसी पर भी उसके रंग नहीं दिखे। अब तो डोलू उदास होकर बैठ गया। तभी उसके पास एक प्यारा सा, रूई जैसा सफेद खरगोश आया और पूछने लगा, "डोलू, तुम उदास क्यों हो?" डोलू ने उसे सारी बात बता दी। तब खरगोश ने कहा, "तुम मुझ पर रंग डाल कर देखो।" डोलू ने उस पर कई सारे रंग डाल दिए। खरगोश रंग बिरंगा हो गया। अब डोलू बहुत खुश हुआ।

7 लालची कुत्ता

एक कुत्ता था। वह बहुत लालची था। वह दूसरों की चीज उठा कर खा जाता था। एक दिन उसे एक रोटी मिली। रोटी मुँह में लिए कुत्ता तालाब के किनारे पहुँचा। कुत्ते को तालाब के पानी में अपनी परछाई दिखाई दी।

कुत्ते ने समझा कि तालाब में एक और कुत्ता है और उसके मुँह में भी रोटी है। कुत्ते के मन में लालच आया। उसने सोचा कि रोटी का वह टुकड़ा भी उसे मिल जाए तो मजा आ जाए। यह सोच कर कुत्ता अपनी परछाई पर झपटा और भौंकना शुरू किया। जैसे ही उसने भौंकने के लिए अपना मुँह खोला, उसकी अपनी रोटी भी पानी में जा गिरी। अब वह पछताने लगा। उसे भूखा ही रहना पड़ा। किसी ने सच ही कहा है, "लालच बुरी बला है।"

8 खरगोश और कछुआ

एक खरगोश था और एक कछुआ था। दोनों एक बगीचे में रहते थे। खरगोश को अपनी तेज चाल पर घमंड था। उसने एक दिन कछुए से कहा, "हम दोनों दौड़ लगाते हैं। देखते हैं दौड़ में कौन जीतता है।" कछुआ दौड़ लगाने को राजी हो गया। दोनों ने दौड़ लगाना शुरू किया।

थोड़ी दूर जाने के बाद खरगोश ने पीछे मुड़ कर देखा। धीरे-धीरे चलने के कारण कछुआ बहुत पीछे था। खरगोश ने सोचा थोड़ी देर आराम कर लेता हूँ। कछुआ जब मेरे पास आ जाएगा तो फिर दौड़ना शुरू कर दूँगा।

खरगोश आराम करने लगा। उसे नींद आ गई। कछुआ अपनी धीमी गति से चलता रहा। खरगोश को देख कर वह रुका नहीं। जब खरगोश की नींद खुली तब उसने दौड़ना शुरू किया। उसने देखा कछुआ उससे पहले ही दौड़ पूरी कर चुका था। इस प्रकार कछुआ जीत गया और खरगोश हार गया। इसीलिए कहते हैं "आलस करना अच्छा नहीं होता।"

9 बकरी का शरारती बच्चा

एक बकरी का बच्चा था। वह हमेशा अपनी माँ के साथ रहता था। बकरी जहाँ भी जाती उसे अपने साथ ले जाती। बकरी का बच्चा बहुत शरारती था। वह हर कभी झाड़ियों में छुप जाता था। बकरी मम्मी उसे खोजती रहती थी। आगे से फिर नहीं छुपने की बात उसे समझाती थी।

एक दिन बकरी और उसका शरारती बच्चा नदी के किनारे उगी झाड़ियों की पत्तियाँ खा रहे थे। बकरी का बच्चा पत्तियों को खाते-खाते झाड़ियों के अंदर छुप गया। बकरी पत्तियाँ खाते हुए आगे निकल गई। उसी समय एक भेड़िया वहाँ आया। उसकी नजर बकरी के बच्चे पर पड़ी। उसने बकरी के बच्चे से पूछा, "बच्चे क्या कर रहे हो?" बच्चा

डर के मारे कुछ नहीं बोला। इतने में भेड़िया बोला, "चलो तुम नहीं बोलते हो तो मत बोलो। मैं तुम्हें खा लेता हूँ।" तभी बच्चा बोला, "मामाजी मैं थोड़ी घास खालूँ तब मुझे खा लेना। तब तक आप मुझे एक गाना सुना दो। आप गाना अच्छा गाते हो।" भेड़िये

ने गाना शुरू किया। उसकी आवाज़ सुनकर बकरी मैं- मैं करती बच्चे को ढूँढती हुई वहाँ आ गई। बच्चा अपनी माँ को देख तुरंत उसके पास पहुँचा। इस तरह उसने अपनी जान बचाई।

10 बिल्ली के तीन बच्चे

एक घर में बिल्ली के तीन बच्चे साथ- साथ रहते थे। उनका रंग अलग- अलग था। एक काला था, दूसरा सफेद और तीसरा भूरा था। एक दिन उन्होंने एक चूहा देखा। वे तीनों उसे पकड़ने दौड़े। चूहा उन्हें देख कर आटे के डिब्बे में कूद गया। तीनों बच्चे भी उसे पकड़ने आटे के डिब्बे में कूदे। इससे आटे का डिब्बा गिर गया और चूहा बाहर निकल कर भाग गया। परन्तु बिल्ली के तीनों बच्चे आटे से सफ़ेद रंग के हो गए।

थोड़ी देर बाद उन्हें दूसरा चूहा दिखाई दिया। वह चूहा बिल्ली के बच्चों को देख कर एक पाइप में घुस गया। बिल्ली के बच्चे भी उसके पीछे-पीछे पाइप में घुस गए। पाइप धुएँ से भरा था। चूहा तो दूसरी तरफ से निकल गया। परन्तु बिल्ली के तीनों बच्चे उसमें फँस गए। बहुत कोशिश के बाद तीनों बाहर निकले। अब उनका रंग काला हो गया था।

थोड़ी देर बाद उन्हें नदी के किनारे एक मेंढक दिखा। बिल्ली के तीनों बच्चे उसे पकड़ने दौड़े। उनसे डर कर मेंढक नदी में कूद गया। उसके पीछे बिल्ली के तीनों बच्चे भी नदी में कूद गए। उन्होंने नदी में मेंढक को ढूँढा। पर मेंढक तो नदी में बहुत दूर चला गया था। जब नदी में उन्हें मेंढक नहीं मिला तो वे नदी से बाहर निकले। नदी के पानी में उनका काला रंग साफ हो गया था। अब वे अपना-अपना रंग पाकर खुश हुए।

11 बगुले और तोते की दोस्ती

किसी जंगल में एक वृक्ष पर एक तोता और एक बगुला रहते थे। दोनों बहुत अच्छे दोस्त थे। सुबह होते ही तोता अपना भोजन खोजने के लिए चला जाता था। बगुला मछली पकड़ने तालाब पर चला जाता था।

एक दिन बगुला अपने घोंसले में नहीं था। वह अपने बच्चों के लिए भोजन लेने तालाब की ओर गया हुआ था। तोता वहीं पेड़ की डाल पर बैठा था। तोते ने देखा एक गिद्ध बगुले के घोंसले की ओर जा रहा था। बगुले के बच्चे उस घोंसले में सो रहे थे।

तोते ने गिद्ध पर हमला कर दिया। तोते और गिद्ध में लड़ाई हुई। तोता जख्मी होकर नीचे गिर गया। यह सारी घटना पेड़ पर बैठे दूसरे पक्षी देख रहे थे। थोड़ी ही देर में बगुला लौट आया। बगुले ने देखा कि बच्चे डरे हुए हैं और तोता घायल पड़ा है। पेड़ पर रहने वाले पक्षियों ने बगुले को सारी बात बताई। तब बगुले ने तोते के घाव साफ किए। जब तक तोता पूरी तरह ठीक नहीं हो गया बगुला उसके लिए खाना लाता रहा। मित्रों को हमेशा एक दूसरे की सहायता करनी चाहिए।

12 ऊँट और सियार

किसी जंगल में एक ऊँट और एक सियार रहते थे। दोनों में अच्छी मित्रता थी। दोनों भोजन की तलाश में साथ-साथ जाते थे। एक दिन उन्हें नदी के दूसरे छोर पर गन्ने का एक खेत दिखा। ऊँट ने कहा चलो आज गन्ने खाते हैं। सियार ने कहा, "मुझे तो तैरना नहीं आता।" तब ऊँट ने कहा तुम मेरी पीठ पर बैठ जाओ। सियार ऊँट की पीठ पर बैठ गया फिर दोनों नदी के उस पार गन्ने के खेत में पहुँच गए। दोनों ने गन्ने तोड़ -तोड़ कर खाना शुरू किया । सियार का पेट जल्दी भर गया । उसने गन्ने खा

कर, "हूँआ -हूँआ" करना शुरू किया। ऊँट ने उसे समझाया, "मित्र शोर मत करो। तुम्हारी आवाज सुन कर खेत का मालिक आ जाएगा।" सियार कहने लगा, "भोजन करने के बाद गाना गाना मेरी आदत है।" और उसने "हूँआ-हूँआ" करना बंद नहीं किया। सियार की आवाज सुन कर खेत का मालिक आ गया। सियार तो भाग कर झाड़ियों में छुप गया। परन्तु ऊँट भाग नहीं सकता था। उसको किसान ने लाठी से खूब पीटा। जैसे-तैसे ऊँट खेत से बाहर आया। घर लौटते समय सियार वापस ऊँट की पीठ पर बैठ गया।

जब दोनों नदी के बीच में पहुँचे तो ऊँट ने नदी के पानी में डुबकी लगाई। सियार बोला, "मित्र मुझे तैरना नहीं आता है। मैं पानी में डूब जाऊँगा। तुम पानी में डुबकी मत लगाओ।"

सियार के मना करने पर ऊँट बोला, "मित्र भोजन करने के बाद नीचे लोटना मेरी आदत है।" सियार घबरा गया। ऊँट ने फिर डुबकी लगाई। सियार नदी में डूब गया। सियार को मित्र की बात नहीं मानने का फल मिल गया।

13 कछुआ और गिद्ध

एक कछुए और एक गिद्ध में गहरी मित्रता थी। कछुआ नदी में एक चट्टान पर रहता था। गिद्ध जंगल में पहाड़ पर रहता था। गिद्ध कछुए के घर आया करता था। कछुआ और उसकी पत्नी गिद्ध की खूब आव-भगत किया करते थे। कछुए की पत्नी ने एक दिन गिद्ध से कहा कि हम भी तुम्हारे घर चलना चाहते हैं। देखें तुम कहाँ और कैसे रहते हो। तब गिद्ध ने कहा, " तुम मेरी तरह उड़ नहीं सकते हो। इसलिए तुम मेरे घर

नहीं चल सकते।" तब कछुए की पत्नी ने कहा, "हम एक थैले में घुस जाते हैं। तुम थैले को अपने पंजों में पकड़ कर उड़ जाना और हमें अपने घर ले जाना।" गिद्ध ने कहा, "ठीक है।" कछुआ और उसकी पत्नी एक थैले में घुस कर बैठ गए। गिद्ध ने थैला अपने पंजों में पकड़ लिया और उड़ गया। उड़ते-उड़ते गिद्ध अपनी पहाड़ी पर पहुँचा। गिद्ध ने कछुए और उसकी पत्नी को अपनी पत्नी से मिलवाया। सबने हिलमिल कर खाना खाया। कुछ दिन सब साथ रहे। फिर एक दिन गिद्ध ने उन सब को पुन: उनके घर पहुँचा दिया। दोनों परिवारों के बीच मित्रता और गहरी हो गई। मित्रों को एक दूसरे की सहायता करनी चाहिए।

14 हीरू हाथी और पीलू कछुआ

चम्पक वन में एक बहुत बड़ा तालाब था। तालाब का पानी साफ था। उसमें मछलियाँ, मगरमच्छ, केकड़े, कछुए आदि जीव रहते थे। शेर, बाघ, हिरन, जिराफ आदि जानवर उस तालाब में पानी पीकर अपनी प्यास बुझाते थे। उसी जंगल में एक हाथी रहता था। जिसको सब हीरू हाथी के नाम से पुकारते थे। हीरू हाथी रोज तालाब में नहाता, फिर पानी पीता। पानी पीने के बाद अपनी सूंड से तालाब के पानी को चारों और बिखेरता। सब जानवर उसके द्वारा पानी की बरबादी को सहन नहीं कर सके। वे सोचने लगे, हाथी इसी तरह पानी बर्बाद करेगा तो तालाब सूख जाएगा।

पीलू कछुए ने एक योजना बनायी। अगले दिन जब हीरू हाथी पानी पीने तालाब के पास आया तब पीलू कछुआ अपने शरीर पर खुजली कर रहा था। हीरू ने पूछा, "ए पीलू तुम खुजली क्यों कर रहे हो?" पीलू ने रोते हुए कहा, "क्या बताऊँ हीरू दादा, आज मैं तालाब के पानी में नहाया, तब से मुझे खुजली हो गई है। लगता है तालाब का पानी जहरीला हो गया है। आप खुद नहाकर देख लो।"

हीरू हाथी पीलू की बात सुनकर डर गया और बिना नहाये ही दूसरे तालाब की ओर चला गया। सभी जानवर खुश हुए और उन्होंने पीलू की खूब प्रशंसा की। अब उनके तालाब का पानी बेकार जाने से बच गया था।

15 तीन साथी

एक तालाब के किनारे एक बड़ा सा पेड़ था। जिस पर फल लगे थे। उस पेड़ पर एक चिड़िया रहती थी। पेड़ के नीचे एक बकरी और एक हाथी भी रहते थे। वे तीनों मित्र थे। हाथी पेड़ हिलाता तो फल और पत्ते नीचे गिर जाते। फिर तीनों मिलकर खाते थे। एक दिन हाथी ने उस पेड़ को जोर से हिलाया। फल और पत्ते तो गिरे साथ ही पेड़ की डाल भी टूट गई और डाल पर बैठी चिड़िया तालाब के पानी में गिर गई। यह देख बकरी चिड़िया को बचाने पानी में गई। हाथी ने देखा बकरी भी पानी में डूब रही थी। वह तुरंत पानी में गया। पहले उसने बकरी को सूंड से उठाया और अपनी पीठ पर बैठाया। फिर चिड़िया को उठाया और अपनी पीठ पर बैठा कर दोनों को बाहर ले आया। थोड़ी देर में चिड़िया के पंख सूख गए। तीनों ने मिलकर गिरे हुए फल और पत्ते खाए। अब तीनों फिर से खुशी खुशी रहने लगे|

16 धोखेबाज सियार

एक जंगल में एक सियार रहता था। एक दिन गलती से वह एक गाँव में घुस गया। उसके पीछे कुत्ते लग गए। कुत्तों से बचने के लिए वह भाग रहा था। भागते-भागते वह एक घर में घुस गया। उस घर में एक टब में नीले रंग का पानी कपड़े रंगने के लिए रखा हुआ था। सियार उस टब में जा गिरा। टब में गिरने से सियार नीले रंग का हो गया।

टब से निकल कर सियार ने अपना बदला हुआ रंग देखा । वह बहुत खुश हुआ । सोचने लगा अब उसे कोई पहचान नहीं सकेगा । सियार चुपचाप उस घर से निकला और जंगल में पहुँच गया । जंगल के जानवर रंगे हुए सियार को देख कर डर गए । उन्होंने ऐसा जानवर पहले कभी नहीं देखा था । सियार ने मौके का फायदा उठाया । उसने जंगल के पशु-पक्षियों की एक सभा बुलाई और कहा, "मैं तुम्हारा राजा हूँ, मुझे भगवान ने भेजा है ।" जंगल के जानवरों ने उसे अपना राजा मान लिया ।

एक दिन शाम के समय जंगल के बहुत से सियार एक साथ "हूँआ-हूँआ" करने लगे । रंगे हुए सियार से भी रहा नहीं गया । उसने भी अपने साथियों की आवाज से आवाज मिला दी । वह भी "हूँआ-हूँआ" बोलने लगा । उसकी आवाज सुनते ही जंगल के जानवरों ने उसे पहचान लिया । सब एक साथ बोल उठे यह तो सियार है । जानवरों ने उसे पकड़ कर बांध दिया । फिर रंगे हुए सियार ने उन सब से माफी मांगी । सियार ने फिर कभी धोखा नहीं देने का वादा किया ।

17 मंकू की नासमझी

सुंदर वन में कई पेड़ थे। हर पेड़ पर फूल और फल लगे हुए थे। पेड़ों पर पशु-पक्षियों ने अपने-अपने रहने के घर बना रखे थे। एक पेड़ पर तीन बन्दर रहते थे। पापा बन्दर, मम्मी बन्दर और एक उनका बच्चा। बच्चे का नाम था मंकू। मंकू बहुत शैतान था। दिन भर पेड़ों पर उछल-कूद करता था। जो चीज मिलती उसे उठा लेता था।

एक दिन उसे एक माचिस की डिब्बी मिली। माचिस की डिब्बी को उठा कर वह पापा बन्दर के पास गया। पापा बन्दर ने कहा, "यह हमारे काम की चीज नहीं है।

यह आदमी के काम की चीज है।" मंकू ने पूछा, "आदमी इसका क्या करता है?" पापा बन्दर ने कहा, "आदमी इससे आग जला कर खाना बनाता है। मंकू तुम इसे फेंक दो।" मंकू ने पापा की बात नहीं मानी।

दूसरे दिन जब सब पशु-पक्षी भोजन की तलाश में चले गए तब मंकू ने माचिस से तीली निकाली। तीली को रगड़ा। तीली जल उठी। उसने जलती तीली नीचे गिरा दी। तीली के नीचे गिरते ही सूखे पत्तों में आग लग गई। थोड़ी ही देर में उसकी पूँछ ने भी आग पकड़ ली। मंकू बचाओ-बचाओ चिल्लाया। वन के सभी पशु-पक्षियों ने मिलकर आग बुझाई। मंकू बन्दर बहुत घबरा गया था। अपनी जली हुई पूँछ को बार-बार देख रहा था। नासमझ मंकू ने पापा की बात मान कर माचिस की डिब्बी फेंक दी होती तो उसकी पूँछ जलने से बच जाती।

18 कछुए की समझदारी

एक हाथी था और एक मगर था। हाथी जंगल में रहता था। मगर नदी में रहता था। दोनों में अच्छी दोस्ती थी। एक दिन हाथी बोला, "मैं सबसे ताकतवर हूँ। मुझसे जंगल में सब डरते हैं।" मगर बोला, "मैं अधिक ताकतवर हूँ। नदी में सब मुझ से डरते हैं।" एक कछुआ उन दोनों की बातें सुन रहा था। उसने उन्हें सबक सिखाने की सोची। कछुआ उन दोनों के सामने आकर बोला, "आप दोनों से अधिक ताकतवर मैं हूँ।" तब हाथी और मगर ने कहा, "तुम हमसे लड़ने को तैयार हो जाओ।"

कछुए ने कहा, "हम एक दूसरे के दुश्मन नहीं हैं जो लड़ाई करके अपनी ताकत की जाँच करें। मेरे पास एक तरकीब है। जिससे अपनी ताकत की जाँच हो सकती है।" तब हाथी और मगर ने तरकीब बताने को कहा।

कछुए ने कहा, "हाथी दादा मैं एक रस्सी अपने पाँव में बांधता हूँ। उस रस्सी का दूसरा सिरा आपके पाँव में बांधता हूँ। मैं रस्सी बांध कर पानी में चला जाता हूँ। फिर मैं कहूँ तब आप मुझे खींचना। यदि आप मुझे पानी से बाहर खींच कर ले आए तो आप जीत जाएँगे, और मैं हार जाऊँगा। यदि आप मुझे नहीं खींच पाए तो आप हार जाएँगे।" हाथी ने कछुए की बात मान ली। कछुए ने हाथी के पाँव में रस्सी का एक सिरा बांधा। रस्सी का दूसरा सिरा अपने पाँव में बांधा। अब कछुआ नदी के पानी में चला गया। पानी के अन्दर जा कर उसने अपने पाँव की रस्सी खोली और उसे एक बड़ी चट्टान से बांध दिया। फिर वह चट्टान पर चढ़ गया और हाथी को बोला, "हाथी दादा अब रस्सी खींचो।" हाथी ने रस्सी खींचने के लिए खूब जोर लगाया। परन्तु रस्सी नहीं खिंची। हाथी के और जोर लगाने पर रस्सी टूट गई।

जंगल के सब जानवर यह देख रहे थे। हाथी अपनी हार मान कर चला गया। मगर भी यह देख रहा था। उसने भी कछुए से हार मान ली और चुपचाप नदी में चला गया। सच है समझदारी से बलवान को भी हराया जा सकता है।

19 केकड़े की सूझ

एक तालाब था। उसमें कई मछलियाँ, मेंढक और केकड़े रहते थे। सब खुश थे। एक सारस भी तालाब के किनारे रहता था। वह रोज कुछ मछलियाँ पकड़ कर अपना पेट भरता था। पिछले कुछ सालों में बरसात कम हुई। तालाब का पानी सूखने लगा। मछलियाँ अब तालाब के किनारे नहीं आती थीं। सारस भूखों मरने लगा।

सारस ने मछलियों को पकड़ने का नया तरीका सोचा। उसने तालाब के जीवों से कहा, "मित्रों दो तीन वर्षों से बरसात अच्छी नहीं हुई है। इस तालाब का पानी सूखने वाला है। तालाब के सूखने पर आप सब लोगों का जीवन समाप्त हो जाएगा। पास ही एक दूसरा तालाब है। उसमें बहुत पानी है। मैं तो उड़ कर दूसरे तालाब के किनारे चला जाऊँगा। तुम चाहो तो तुम्हें भी उस तालाब में ले चल सकता हूँ।"

तालाब के जीवों ने सारस की बात पर विश्वास कर लिया। अब सारस मछलियों को अपनी पीठ पर बैठा कर दूसरे तालाब में पहुँचाने लगा।

एक-दो दिन बाद केकड़े ने कहा, "मित्र सारस आज मेरी बारी है।" सारस ने कहा ठीक है। उसने केकड़े को अपनी पीठ पर बैठाया और उड़ गया। थोड़ी दूर उड़ने के बाद वह एक पहाड़ी पर रुका और बोला, "मैं अब थक गया हूँ। थोड़ी देर यहाँ आराम करते हैं।" केकड़े ने कहा, "ठीक है।" केकड़े ने उसकी पीठ पर बैठे-बैठे ही पहाड़ी पर चारों ओर देखा, उसे कुछ मछलियों के टुकड़े और कंकाल नजर आए।

उसे सारस की चाल समझने में देर नहीं लगी। वह झट से सारस की गरदन पर चढ़ गया। उसने सारस की गरदन नोंचना प्रारम्भ कर दिया। सारस बोला, "तुम मेरी गरदन क्यों नोच रहे हो।" केकड़े ने पूछा, "तुम सच-सच बताओ कि तुमने मछलियों को दूसरे तालाब में छोड़ा या यहाँ लाकर अपना भोजन बनाया।" सारस ने डर के मारे सच स्वीकार कर लिया। केकड़े ने सारस की गरदन दबोच दी और अपने साथियों की जान बचा ली । सारस को मित्रों को धोका देने की सजा मिल गयी।

20 पेड़ और हंस की दोस्ती

जंगल में आम का एक बहुत पुराना पेड़ था। उस पर हर साल खूब आम लगते थे। पक्षी उस पर अपना घोंसला बना कर रहते थे।

एक दिन उस जंगल में आग लग गई। आग उस पेड़ के पास तक आ गई। पेड़ पर बैठे पक्षी एक-एक करके उड़ गए। अकेला एक हंस ही ऐसा पक्षी था, जो उस पेड़ की

डाल पर बैठा रो रहा था। हंस को रोते हुए देख कर पेड़ ने हंस से पूछा, "हे मित्र हंस, हमारे तो पंख नहीं हैं। हम दूसरे जंगल में नहीं जा सकते। तुम्हारे तो पंख हैं। तुम उड़ सकते हो। दूसरे जंगल में जा सकते हो। फिर तुम उड़ क्यों नहीं जाते? बैठे-बैठे रो क्यों रहे हो?"

हंस ने कहा, "हे मित्र, मैंने तुम्हारे फल खाए और तुम्हारी डाल पर अपना घर बनाया। अब जब तुम जलने वाले हो, तो मैं तुम्हें अकेला छोड़ कर कैसे जा सकता हूँ।" हंस की बात सुनकर पेड़ का अपना दुःख कम हुआ। उसने कहा, "तुम सच्चे दोस्त हो जो मुसीबत में साथ नहीं छोड़ते।" तभी जंगल की आग बुझाने दमकल-गाड़ी आई और उसने जंगल की आग बुझा दी। पेड़ और हंस दोनों बच गए।

Made in the USA
Coppell, TX
12 September 2021

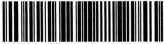